Dem lieben Geburtstagskind

_____

zu Ehren:
Ein Gästebuch zur Erinnerung
an Deinen besonderen Tag!

_____
Ort & Datum

Name

Wünsche

Das schönste Foto

Name

Wünsche

Das schönste Foto

Name

Wünsche

Das schönste Foto

Name

Wünsche

Name

Wünsche

Das schönste Foto

Name

Wünsche

Das schönste Foto

Name

Wünsche

Das schönste Foto

Name

Wünsche

Das schönste Foto

Name

Wünsche

Das schönste Foto

Name

Wünsche

Name

Wünsche

Das schönste Foto

Name

Wünsche

Das schönste Foto

Name

Wünsche

Das schönste Foto

Name

Wünsche

Das schönste Foto

Name

Wünsche

Das schönste Foto

Name

Wünsche

Name

Wünsche

Das schönste Foto

Name

Wünsche

Das schönste Foto

Das schönste Foto

Name

Wünsche

Das schönste Foto

Name

Wünsche

Das schönste Foto

Name

Wünsche

Das schönste Foto

Name

Wünsche

Name

Wünsche

Das schönste Foto

Printed in Germany
by Amazon Distribution
GmbH, Leipzig